Yf 7489

LA MÉTAMORPHOSE AMOUREUSE,

COMÉDIE.

En 1712.

Par M. LEGRAND, Comedien du Roy.

Le prix est de dix-huit sols

Y. 5806.

À PARIS,

Chez PIERRE RIBOU, Quay des Augustins, à la Descente du Pont Neuf, à l'Image S. Louis.

M. DCC. XII.

AVEC PERMISSION.

ACTEURS.

SEVERIN, Oncle & Tuteur d'Isabelle.

ISABELLE, Niece de Severin.

VALERE, Amant d'Isabelle.

BOUQUINART, Amoureux d'Isabelle.

TOINETTE, Suivante d'Isabelle.

CRISPIN, Filleul de Severin.

PASQUIN, Valet de Valere.

UN COMMISSAIRE.

BRASDEFER, Exempt.

SERFORT,
GRIPPEAU, } Archers.

Troupe d'Archers.

La Scene est à Paris, devant la maison de Severin.

LA METAMORPHOSE AMOUREUSE, COMEDIE.

SCENE PREMIERE.

SEVERIN, TOINETTE.

SEVERIN.

ENFIN je respire, j'ai fait maison nette aujourd'hui : ce fripon de laquais qui servoit d'écuyer à ma niece, ce coquin de Cuistre qui me servoit de secretaire, jusqu'à la nourrice qui donnoit à têter à mon petit enfant ; j'ai tout chassé. Allons, Mademoiselle Toinette, prenez la peine de décamper aussi.

LA METAMORPHOSE

TOINETTE.

Mais, Monsieur...

SEVERIN.

Point de mais. Tes gages sont payez, va chercher condition ailleurs. Tu vois ma maison, prens garde d'en approcher de cent pas. Comment, des coquins de domestiques avoir l'insolence d'introduire chez moy dans mon absence un Ecolier de Droit, un Cadet du Maine, de bonne maison à la verité, mais de trés mauvaise conduite ; un godelureau qui a déja mangé son fait, & qui, dit-on, ne fait figure à Paris, qu'autant que son frere aîné lui en fournit les moyens. Flater ma niece dans l'amour qu'elle a pour lui ; la fortifier dans l'aversion qu'elle a conçûe pour l'époux que je lui destine ? Non, je n'en puis revenir.

TOINETTE.

Vous deviez du moins nous garder jusqu'à demain, la nourrice & moy.

SEVERIN.

Non, non, point de remise.

TOINETTE.

Mais qui achevera d'habiller Madame vôtre niece ?

SEVERIN.

Elle s'habillera toute seule.

AMOUREUSE
TOINETTE.
Qui donnera à têter à l'enfant?
SEVERIN.
Ce ne sera pas toy.
TOINETTE.
Dieu m'en garde. Oh çà, vous me donnez donc mon congé absolu?
SEVERIN.
Trés-absolu.
TOINETTE.
Il n'y a plus de retour?
SEVERIN.
Non, va-t'en au diable.
TOINETTE.
Puisque vous me congediez si bien, & que je n'ai plus rien à ménager, je vous declare ici guerre ouverte, & vous dis que c'est en vain que vous faites venir de Bayeux Monsieur Bouquinart, pour épouser vôtre niece, que je l'ai promise à Valere, & que je pretens qu'ils soient mariez ensemble dans ce jour.
SEVERIN.
Sans mon consentement?
TOINETTE.
Ils ont le mien, cela suffit; & je veux dans le besoin leur servir de pere, de mere, d'oncle, de tante, de tuteur, de tutrice, de témoin, de Notaire, & l'Amour dictera les articles.

A ij

LA METAMORPHOSE

SEVERIN.

Je ne sçai qui me tient.

TOINETTE.

Oh doucement, Monsieur, je ne suis plus à vous, ni chez vous, je suis à moy & sur le pavé du Roy.

SEVERIN.

Je rentre; car je ne pourrois m'empêcher de te traiter comme tu le merites. Monsieur Bouquinart va arriver, & je veux qu'il épouse ma niece dans le moment même : va en porter la nouvelle à ton Valere, va insolente, & ne te montre de la vie devant moy.

SCENE II.

TOINETTE seule.

ME voila fort embarassée, au bout du compte ; Monsieur Severin le fera comme il le dit, Bouquinart va arriver : Isabelle n'ayant plus de conseil, se laissera mener par le nez comme un pison, & sera assez sotte pour obeïr ; cependant nôtre Ecolier... Mais le voici avec son valet.

SCENE III.

VALERE, PASQUIN, TOINETTE.

PASQUIN.

Que fais-tu là toute seule?
TOINETTE.
Je vous attens.
PASQUIN.
Pour nous faire entrer dans le logis apparemment?
TOINETTE.
Non; c'est pour vous dire que Monsieur Severin, aprés avoir chassé generalement tous les domestiques que vous aviez gagnez, vient de me faire l'honneur de me donner mon congé en mon petit particulier, & que je crois que vous n'avez qu'à prendre le vôtre.
VALERE.
Que me dis tu là?
TOINETTE.
La verité.
PASQUIN.
Quand tu n'auras que des veritez comme celle-là à nous dire, tu feras mieux de mentir à ton ordinaire. Mon-

sieur vient d'apprendre que son oncle & son frere étoient à l'extremité, & tu viens troubler nôtre joye par tes mauvaises nouvelles.

VALERE.

Ne badinons point, cette affaire est serieuse.

TOINETTE,

Des plus serieuses; car vous n'avez plus personne dans le logis qui puisse vous rendre aucun service, hors le filleul de la maison, dont Monsieur Severin ne se défie point encore : mais je crains que nôtre sortie ne l'ait intimidé.

PASQUIN.

Cela est fâcheux : mais aprés tout Monsieur Severin ne tardera point à prendre de nouveaux domestiques. Doutes-tu que mon esprit insinuant, soûtenu de l'éloquence de quelques pistoles qui roulent encore dans la bourse de Monsieur, ne les rende bientôt aussi traitables que vous ?

TOINETTE.

Je le crois : mais Monsieur Bouquinart va arriver, & sur le champ Monsieur Severin lui fait épouser Isabelle.

PASQUIN.

Oh pour le coup l'affaire merite attention, & j'ai ici besoin de tout mon genie. Mais vous, Monsieur, qui dans vôtre vie avez fait tant de tours de passe-passe ; vous qui êtes le heros de toutes les espiegleries d'écoliers, dont on fait des contes dans le monde, ne pourriez-vous rien inventer dans cette occasion ?

VALERE.

Non, Pasquin, je ne me reconnois plus ; l'amour qui donne de l'esprit & de la hardiesse aux autres, a fait tout le contraire en moy.

PASQUIN.

Cependant il faut... Mais voici le filleul de Monsieur Severin.

SCENE IV.

VALERE, PASQUIN, TOINETTE, CRISPIN.

CRISPIN.

AH Monsieur, serviteur : bonjour, Pasquin. Vous voudriez bien entrer dans le logis, n'est ce pas ? & moy je n'ai pas de plus grande joye que lorsque j'en suis bien loin.

VALERE.

Pourquoy ?

LA METAMORPHOSE

CRISPIN.

Peste soit de la chienne de maison. Mon parrain a le diable au corps avec sa niece, & sa niece fait le diable depuis qu'elle vous a en tête.

VALERE.

Tu crois, mon cher Crispin, qu'elle a quelque attention au triste état où elle me voit reduit?

CRISPIN.

Bon, elle se desespere, & l'oncle de son côté enrage. Le beau plaisir pour moy, qui ai toute ma raison, de me trouver entre un enragé & une desesperée.

PASQUIN.

Cela n'est point plaisant en effet. Mais par parenthese, pourquoy cet habillement?

CRISPIN.

Comme il n'y a plus de domestiques dans la maison, & que je me vois le factotum jusqu'à nouvel ordre, je me suis fait un équipage convenable aux differentes charges que je vais exercer. J'ai pris les manchettes & le rabat du Secretaire, l'épée & les bottines de l'Ecuyer, & j'aurois pris dans un besoin les tétons de la nourrice. Mais ne m'arêtez point davantage, il faut que j'aille faire ma commission.

AMOUREUSE.
TOINETTE.
Quelle commiſſion?
CRISPIN.
Mon parrain m'envoye chez Madame Simone.
PASQUIN.
Ah, ah, je la connois, elle demeure ici prés ; c'eſt cette Dame qui ſe mêle de faire des mariages, & de placer des domeſtiques dans les maiſons.
CRISPIN.
Juſtement : voila une lettre que je vais lui porter.
PASQUIN.
Montre un peu.
CRISPIN.
Oh tu la peux lire. Le bon-homme étoit ſi troublé en l'écrivant, qu'il a oublié de la cacheter.

PASQUIN lit la lettre.
J'ai une entiere confiance en vous, Madame, & je vous prie de mettre tous vos ſoins à me déterrer une femme de chambre d'une ſeverité incorruptible, d'une ſageſſe éprouvée & d'une...

Diantre, il faudra foüiller bien avant pour lui trouver cela.
TOINETTE.
Voyez cet impertinent.

LA METAMORPHOSE

PASQUIN continuë de lire.
J'ai besoin aussi d'une nourrice qui... &c.

Il ne demande point d'autres domestiques.

CRISPIN.

Non, & je crois qu'il ne veut avoir à l'avenir dans sa maison d'homme que moy.

PASQUIN.

La maison sera fort bien reglée Mais cette lettre me donne une idée. Es-tu toûjours de nos amis ?

CRISPIN.

A la mort & à la vie.

PASQUIN.

Te sentirois-tu assez de hardiesse pour...

CRISPIN.

De la hardiesse ! morbleu il n'y a pas d'homme qui avale un verre de vin aussi hardiment que moy.

PASQUIN.

Nous t'en ferons boire du meilleur. Tu aimes l'argent ?

CRISPIN.

Autant que toy.

PASQUIN.

C'est beaucoup dire. Pour en avoir, il faut faire en sorte que Monsieur épouse Isabelle dans ce jour.

AMOUREUSE.

CRISPIN.

Comment faire ? mon parrain la veut marier à Monsieur Bouquinart à son arrivée, &, comme Toinette vous l'a pû dire, on l'attend dans ce moment.

PASQUIN.

Il n'importe, nous pourrons le prévenir, si tu veux nous seconder.

CRISPIN.

Que faut-il faire ?

PASQUIN.

Je te le dirai. Pour vous, Monsieur, il faudra, s'il vous plaît, que vous vous prêtiez à certaine metamorphose.

VALERE.

Moy !

TOINETTE.

Allons, allons, Monsieur, encore un petit tour d'écolier.

VALERE.

Il n'y a rien que je ne fasse pour posseder la charmante Isabelle.

PASQUIN.

Voila qui me plaît. Mais j'apperçois Monsieur Severin & sa niece : il ne nous connoît pas, & il n'est pas necessaire qu'il nous connoisse encore. Suivez-moy tous, je vous instruirai de mon projet.

SCENE V.

SEVERIN, ISABELLE.

SEVERIN.

Vous voulez abſolument prendre l'air, j'y conſens : mais je ne vous quitterai point, juſqu'à ce que Madame Simone m'ait envoyé une perſonne telle que je lui demande, capable de me répondre de vos actions.

ISABELLE *bas*.

Quelle contrainte !

SEVERIN.

Quand Monſieur Bouquinart ſera vôtre époux, ce ſera ſon affaire : mais je vous avertis que malgré ſon humeur enjoüée, il eſt auſſi défiant qu'un autre.

ISABELLE.

Que vais-je devenir ?

SEVERIN.

Sa premiere femme & la mienne nous ont donné de leur vivant un peu de tablature ; elles nous ont parbleu fait voir du pays, & c'eſt ce qui fait que nous ne ſommes plus ſi faciles à attraper.

AMOUREUSE.

ISABELLE.

Une fille de mon âge épouser un tel man !

SEVERIN.

Comment donc ? sçavez-vous qu'il est encore aussi frais & aussi ragoûtant que moy.

ISABELLE *bas*.

O Ciel !

SEVERIN.

Quoique vieux, il est de la meilleure humeur du monde, a sans cesse quelque bon mot dans la bouche, & tout ce qu'il dit, ou ce qu'il veut dire, est si plaisant, si plaisant, que fort souvent il en rit lui-même d'avance.

ISABELLE.

Mon oncle, ni sa belle humeur, ni sa bonne mine ne feront point capables de détruire la haine que j'ai conçûë pour lui sans le connoître, la seule pensée qu'il va arriver en ce moment me fait fremir.

SEVERIN.

Ce que c'est que la prévention. Mais j'entens un cheval dans la cour.

ISABELLE.

Ah c'est lui sans doute.

SEVERIN.

C'est lui-même, il est entré par la porte de derriere.

LA METAMORPHOSE

ISABELLE.

Mon oncle, considerez...

SEVERIN.

Ma niece, tout ce que vous pourrez me dire est inutile ; vôtre pere par son testament me recommande cete alliance, & d'ailleurs Monsieur Bouquinart est mon ancien ami : il attendoit depuis long-temps la mort de sa femme, le Ciel a exaucé ses vœux, & je pretens... Mais le voici.

SCENE VI.

BOUQUINART, SEVERIN, ISABELLE.

BOUQUINART.

ME voila, bonjour. Il faut que j'aye le diable au corps pour venir de Bayeux à Paris prendre femme par le temps qu'il fait.

SEVERIN.

Soyez le bien venu.

BOUQUINART.

La pluye, la grêle, le tonnerre m'ont toûjours accompagné ; je n'ai pas laissé de pousser comme il faut, & de faire di-

AMOUREUSE.

ligence. Mais têtebleu voila des yeux qui me pouffent terriblement à leur tour.

SEVERIN.
Que vous ferez heureufe, ma niece, d'avoir un mari auffi jovial, on ne peut pas dire les chofes avec plus d'efprit.

ISABELLE.
Je n'en ai pas affez, mon oncle, pour m'y connoître.

SEVERIN.
La fotte ! Eh bien voulez-vous avoir une autre contenance ?

ISABELLE.
Quelle ?

SEVERIN.
Paroître du moins de bonne humeur.

ISABELLE.
Je ne fçaurois.

BOUQUINART.
Comment donc ? que vous dit-il qui vous rend fi trifte ? Oh je te prie, compere, de ne point chagriner ta niece, & de la laiffer toute entiere à la joye qu'elle a de me voir, & aux idées charmantes que lui donne l'efpoir d'être aujourd'hui mariée.

SEVERIN.
C'eft une impertinente, qui ne merite pas l'honneur que vous lui faites.

LA METAMORPHOSE
BOUQUINART.

Oh tu es un impertinent toy-même. N'est il pas vrai, ma belle, ce sont d'étranges gens que ces oncles ? Oui, ne concevez vous pas que c'est une agreable cascade que celle que fait une fille en tombant de leur tutelle dans les bras d'un mari ? Ho, ho, ho.

SCENE VII.

SEVERIN, BOUQUINART, ISABELLE, CRISPIN.

CRISPIN.

Monsieur, Madame Simone avoit justement vôtre affaire ; elle va vous envoyer la perle des nourrices, & une femme de chambre qu'elle dit être un vrai Argus.

SEVERIN.

Bon, c'est ce qu'il nous faut.

BOUQUINART

Que fais-tu de cette petite figure ?

CRISPIN.

Comment donc figure ? figure vous-même. Sçavez-vous, Monsieur, que je suis Ecuyer ?

AMOUREUSE.
BOUQUINART.
Ecuyer?
CRISPIN.
Oui ventrebleu Ecuyer, Sieur de la Crispiniere, Secretaire des Commandemens de Meſſire Fiacre Severin; & vous êtes un impertinent de venir ici...
SEVERIN.
Doucement, petit drôle, tu parles à l'époux de ma niece.
CRISPIN.
Quoy c'eſt là Monſieur Bouquinart? En ce cas je m'apppaiſe, Monſieur, j'ai eu tort... d'avoir eu raiſon... de m'attaquer.... à un perſonnage... dont la phiſionomie... ſurprenante... Je ſuis vôtre ſerviteur.
BOUQUINART.
Le petit coquin ſe moque encore de moy.
SEVERIN.
Qu'on ſe taiſe. Eh bien n'êtes-vous pas d'avis que nous envoyions chercher un Notaire?
BOUQUINART.
Oh parbleu je m'en rapporte à toy, fais dreſſer le contrat à ta fantaiſie, je le ſignerai s'il eſt à la mienne : mais du moins donne-moy le temps de me reconnoître; j'ai marché preſque toute la nuit,

LA METAMORPHOSE

& si je me suis arrêté en quelque endroit, j'y ai pris plus de vin que de repos : enfin que veux-tu que je te dise ? j'ai maintenant plus d'envie de dormir que d'autre chose.

CRISPIN.

Monsieur a raison, il vaut mieux qu'il dorme avant la noce qu'après. Si vous voulez, Monsieur, je m'offre à vous bercer.

BOUQUINART.

Il ne sera ma foy pas necessaire, & je ne me suis jamais trouvé si assoupi.

SEVERIN.

Entrez donc dans la maison, vôtre appartement est tout prêt, faites comme si vous étiez chez vous.

BOUQUINART.

Je le pretens bien ainsi. Excusez, ma charmante, si lorsque l'amour voudroit tenir mes yeux ouverts pour admirer vos charmes, le sommeil jaloux s'attache à les fermer, & si dans le temps que ce même amour entr'ouvre ma bouche pour pousser des soûpirs, ce même sommeil me l'ouvre tout à fait pour bâiller. Ah, ah. Mais je vous promets un rêve des plus circonstanciez, vous en serez l'objet, &.... je suis fort pour les rêves moy.

AMOUREUSE.

CRISPIN.

Oh je n'en doute pas, & je crois même que vous n'avez pas besoin de dormir pour rêver.

SEVERIN.

Allons, raisonneur, conduisez Monsieur dans l'appartement qu'on lui a preparé, qu'on en ait soin comme de moy-même, & sur-tout que personne ne trouble son repos.

CRISPIN.

Ah Monsieur puisse t il dormir éternellement, Diable emporte qui songera à l'éveiller.

SCENE VIII.

SEVERIN, ISABELLE.

SEVERIN.

EH bien c'est donc ainsi que vous cherchez à me contenter ? Je ne m'étonne pas que Monsieur Bouquinart quitte sitôt la compagnie, qui est ce qui ne s'endormiroit pas a voir vôtre humeur sombre, & melancolique ?

ISABELLE.

Offrez-moy un époux qui me plaise,

vous n'aurez pas lieu de vous plaindre de mon humeur.

SEVERIN.

Vôtre Valere, par exemple ?

ISABELLE.

Eh bien oui, mon oncle, je l'aime ; dans la situation où sont les choses je puis l'avoüer, & si vous le connoissiez...

SEVERIN.

Je l'aimerois aussi, n'est ce pas ? Qu'on ne m'en parle plus.

ISABELLE.

Sa famille...

SEVERIN.

Je sçai quelle est sa famille : mais pour lui je ne le connois, ni ne le veux connoître.

ISABELLE.

Que je suis malheureuse !

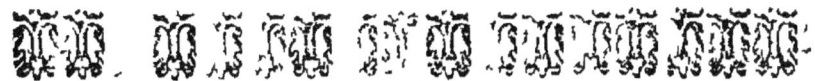

SCENE IX.

SEVERIN, ISABELLE, CRISPIN.

CRISPIN

L'Affaire est faite, nôtre homme est couché. Sçavez-vous que c'est un sagoüin ?

AMOUREUSE.
SEVERIN.

Comment ?
CRISPIN.
Il n'a pas été long-temps à sa toilette, comme vous voyez; aprés avoir ôté son chapeau & son just'au-corps, il s'est jetté tout botté entre deux draps.

SEVERIN.
Il est comme cela sans façon.

CRISPIN.
Il a mis ses habits sur son lit par le chaud qu'il fait; il n'a pas eu la tête sur le chevet, qu'il a ronflé comme il faut. Je l'ai examiné un moment, & je vous puis assurer qu'il est aussi beau couché que debout.

SEVERIN.
Il est ce qu'il est. Retourne à Madame Simone, qu'elle m'envoye incessamment les personnes que je lui ai demandées.

CRISPIN.
Il n'est pas necessaire, & voila déja la femme de chambre.

ISABELLE.
Que vois-je ?

CRISPIN.
C'est Valere, vôtre amant, motus.

SCENE X.

SEVERIN, ISABELLE, VALERE *déguisé en femme*, CRISPIN.

VALERE *à Crispin.*

Enseignez-moy, s'il vous plaît, le logis de Monsieur Severin.

CRISPIN.

Le voici lui même en propre original.

VALERE *en femme.*

Je viens, Monsieur, de la part de Madame Simone ; elle m'a appris que vous demandiez une personne pour demeurer auprés de Madame vôtre niece, & je me tiendrai trop heureuse si mes services lui peuvent être agreables.

SEVERIN.

Voila une grande fille qui me revient assez ; qu'en dites-vous, ma niece ? vous en accommoderiez-vous ?

ISABELLE.

En cela, mon oncle, vous sçavez que je ne dois avoir de volonté que la vôtre : mais je crois que cette personne me convient mieux que toute autre.

AMOUREUSE.

CRISPIN.

Je n'en doute pas.

SEVERIN.

Sa phisionomie me plaît.

ISABELLE.

Elle ne me plaît pas moins.

SEVERIN.

Je ne sçai quoy d'honnête, d'engageant.

ISABELLE.

Au dessus de tout ce qu'on peut dire.

SEVERIN.

Cela est admirable, il y a des gens comme cela qui plaisent à tout le monde du premier abord.

CRISPIN *à part*.

Mon parrain ne le prend pas mal, il faut lui en donner encore une pipe.

SEVERIN.

Peut-on vous demander où vous avez servi ?

VALERE *en femme*.

Monsieur, c'est ici ma premiere condition : mais j'espere que ce sera la derniere, & que Madame sera si contente de moy, qu'elle ne me voudra jamais changer.

ISABELLE.

Vous pouvez vous en assurer, je n'aime point du tout le changement.

VALERE.

Quel bonheur de me voir sans cesse auprés de vous ! quel plaisir de servir une si belle maîtresse !

SEVERIN.

Elle dit tout si agreablement... j'en suis charmé.

CRISPIN.

N'est-il pas vrai, Monsieur, que cela vaut mieux pour vôtre niece, que cette coquine de Toinette ? C'étoit une arrogante, une...

SEVERIN.

Fy donc, il n'y a pas de comparaison.

CRISPIN.

Elle n'introduira point d'homme dans la maison celle-ci.

VALERE *en femme*.

Oh pour cela non, je les écarterai autant qu'il me sera possible ; & Madame dût-elle s'en fâcher, je mettrai tout mon plaisir à l'accompagner sans cesse, & je vous puis assurer que tant que je serai auprés d'elle aucun amant n'en approchera.

SEVERIN.

C'est comme nous l'entendons. Que je suis heureux d'avoir fait cette trouvaille ! Comment vous nomme-t-on ?

AMOUREUSE.

VALERE *en femme embaraſſée.*

On me nomme...

CRISPIN.

Madame Simone m'a dit qu'elle s'appelloit Marion; c'eſt un joli nom, au moins, que Marion, Marion! j'ai eu une maîtreſſe qui s'appelloit comme cela.

SEVERIN.

Taiſez-vous, petit ſot.

ISABELLE.

Juſqu'à vôtre nom, tout me plaît de vous.

SEVERIN.

Que voulez-vous gagner, Mademoiſelle?

VALERE *en femme.*

Ah, Monſieur, ne parlons point de cela, s'il vous plaît.

SEVERIN.

Mais il faut bien ſçavoir ce qu'on vous donnera de gages.

VALERE *en femme.*

Monſieur, je ne veux point faire de marché avec vous; c'eſt à Madame, ſi elle eſt contente de mes ſervices, à me recompenſer.

CRISPIN.

C'eſt une perſonne qui n'eſt point intereſſée, & qui veut faire comme moy, ſervir pour ſon plaiſir.

C

LA METAMORPHOSE

SEVERIN.

Elle n'y perdra pas, & je voudrois que la Nourrice... mais apparemment que la voici.

CRISPIN à Isabelle.

Vous voyez bien que c'est Pasquin.

SCENE XI.

SEVERIN, ISABELLE, VALERE en femme de chambre, PASQUIN en nourrice, CRISPIN.

SEVERIN.

Approchez, ma mie, c'est Madame Simone qui vous envoye, n'est-ce pas?

PASQUIN *en nourrice.*

Oui, Monsieur, elle viendra tantôt vous répondre de moy, & vous assûrer que je suis une nourrice d'une sagesse consommée.

SEVERIN.

Je le croy.

PASQUIN *en nourrice.*

La plus honnête fille de tout le quartier, sans contredit.

AMOUREUSE.
SEVERIN.
Je n'en doute pas ; vôtre lait est-il nouveau ?

PASQUIN *en nourrice*.
Oui, Monsieur, des plus nouveaux & des plus particuliers qui se fassent.

SEVERIN.
Quel nourriçon quittez-vous ?

PASQUIN *en nourrice*.
L'enfant d'un riche Procureur.

SEVERIN.
Et pourquoy êtes-vous sortie de cette maison là ?

PASQUIN *en nourrice*.
Monsieur, vous sçavez que les nourrices ont toûjours des envies, & qu'il faut leur servir les meilleurs morceaux de dessus la table, si l'on veut que les nourriçons profitent.

SEVERIN.
Eh bien ?

PASQUIN *en nourrice*.
Eh bien, ce maudit Procureur-là me faisoit mourir de faim, parce que malheureusement l'enfant que je nourrissois avoit le nez fait comme celui de son Maître-Clerc.

CRISPIN.
La belle raison ! Monsieur n'auroit donc qu'à faire de même, parce que son fils me ressemble.

C ij.

SEVERIN.

Paix.

PASQUIN *en nourrice.*

Et d'ailleurs, la maudite engeance que ces Clercs ! ma vertu a bien essuyé des assauts.

SEVERIN.

Vous serez ici fort tranquille.

PASQUIN *en nourrice.*

Ah, Monsieur, c'est ce que je demande.

SEVERIN.

Mais aussi, il ne faut pas qu'une nourrice demeure oisive ; cela amasse de mauvaises humeurs dont un enfant se remplit. Que sçavez-vous faire ?

PASQUIN *en nourrice.*

Mille choses que ne font point les autres nourrices.

SEVERIN.

Mais encore ?

PASQUIN *en nourrice.*

Par exemple, pour faire une barbe, & relever une moustache, je défie toutes les nourrices de France de s'en acquitter comme moy.

SEVERIN.

Voila un plaisant talent pour une nourice.

AMOUREUSE.

PASQUIN *en nourrice.*

Et sans me vanter, j'ai des qualitez que bien des femmes n'ont pas.

SEVERIN.

Et quelles ?

PASQUIN *en nourrice.*

Je sçai me taire.

SEVERIN.

Cela est bon.

PASQUIN *en nourrice.*

Je n'aime point les hommes.

SEVERIN.

Comment ? voila un trésor. Mais allons au fait ; voyons vôtre sein.

CRISPIN *à part.*

Haye, haye, haye.

PASQUIN *en nourrice.*

Comment Monsieur, pour qui me prenez-vous ? Mort-de-ma-vie, si un autre que vous avoit l'insolence de me faire une pareille proposition, je lui arracherois les yeux.

SEVERIN.

Mais ma mie...

PASQUIN *en nourrice.*

Mais, mais ; je l'ai montré à Madame Simone.

SEVERIN.

Ah cela suffit : vous avez raison ; je ne veux point vous contraindre davantage.

J'entens l'enfant qui crie, allez vîte là-haut lui donner à teter.

PASQUIN *en nourrice.*

La bonne chienne de commission.

SEVERIN.

Mais en montant ne faites point de bruit, de crainte d'éveiller le futur époux de ma niece qui repose dans la chambre voisine.

CRISPIN *bas à Pasquin.*

Comment diantre feras-tu pour donner à têter à cet enfant ?

PASQUIN *en nourrice.*

Parbleu, je m'en vais le sévrer.

SCENE XII.

SEVERIN, ISABELLE, VALERE *en femme de chambre,* CRISPIN.

SEVERIN.

Mademoiselle Marion, je vous confie ma niece, ne la quittez pas d'un pas.

VALERE *en femme.*

Je vous obeïrai ponctuellement.

SEVERIN *à sa niece.*

Vous, Isabelle, je vous recommande de suivre aveuglement les conseils de cette sage personne.

AMOUREUSE.
ISABELLE.

Dans la cruelle situation où me reduit vôtre severité, je vois bien, Monsieur, que c'est le mieux que je puisse faire.
SEVERIN.
Je m'en vais chez mon Notaire.

SCENE XIII.

VALERE *en femme*, ISABELLE, CRISPIN.

ISABELLE.

ENfin le voila parti, je respire. Ah Valere, que vous m'avez fait trembler dans vôtre metamorphose.

VALERE.

Ah Madame, je vous avouë que je ne me suis jamais trouvé dans un tel embarras. Je craignois à tous momens de me tromper dans mes discours, & que mon amour ne vînt à me trahir : mais puisque cet amour peut maintenant s'exprimer sans contrainte, souffrez que je me jette à vos genoux, & que je vous jure mille fois de vous adorer éternellement. Helas ! que deviendrois-je si l'injuste projet de vôtre oncle avoit son effet ? Si je me voyois enlever pour jamais tout ce que j'ai de plus cher au monde, ah Madame, je me donnerois la mort, & si mon amour...

ISABELLE.

Mon Dieu, Valere, finissez: tout ce que vous pouvez me dire dans cet équipage ne me touche point: il me semble que ce n'est point vous qui me parlez, &. si vous voulez me persuader, allez reprendre vôtre habit de Cavalier.

CRISPIN.

Il ne s'agit point de cela, il faut aller au fait. Mon Parain reviendra bien-tôt, & vôtre rival ne dormira pas toûjours.

VALERE *en femme*.

Il a raison, charmante Isabelle, vous sçavez les offres que Madame vôtre Tante nous a faites plusieurs fois Si nous perdons ce moment, je vous perds peutêtre pour jamais. Un carosse nous attend à quatre pas, venez.

ISABELLE.

Ah! Valere, quelque horreur que m'ait inspiré la seule vûë de vôtre rival; à quelque reconnoissance que doive m'engager & vôtre merite, & tout ce que vous hazardez pour moy, je ne puis me resoudre...

CRISPIN.

Oh parbleu, Madame, vous faites trop de façons. Comment donc, quand l'argent

AMOUREUSE.

nous engage Madame Simone & moy à trahir Monsieur Severin son meilleur ami & mon Parain, l'amour ne vous fera rien faire ? Et vous, Monsieur l'Amoureux, vous ne dites plus mot ? morbleu, il me semble que si j'étois comme vous habillé en femme, je jaserois dix fois plus qu'à mon ordinaire. Mais voici Toinette.

SCENE XIV.

VALERE *en femme*, ISABELLE, CRISPIN, TOINETTE.

TOINETTE.

AH mes enfans sauvez-vous au plus vîte ; voila Monsieur Severin avec un Commissaire, un Exempt, & des Archers ; il a rencontré en sortant d'ici Madame Simone, qui l'a apparemment instruit de vôtre metamorphose.

CRISPIN.

Ah la double traîtresse !

ISABELLE.

Ah, Valere, dérobez-vous à son emportement.

TOINETTE.

Ne vous y exposez pas trop vous-même, vous le connoissez.

ISABELLE.

Il est vrai, mais...

TOINETTE.

Point de discours inutiles, nous n'avons point de temps à perdre, allons promptement chez Madame vôtre Tante ; Monsieur Severin ne fera pas un procez à sa sœur pour vous avoir retirée chez elle.

ISABELLE.

Ne m'abandonne point, Toinette.

TOINETTE.

Je vous suis : mais il ne faut pas laisser ce pauvre Pasquin dans le laqs ; apparemment qu'il est dans la maison.

CRISPIN.

Sans doute, & je vais l'avertir. Mais j'apperçois mon Parain ; il n'est pas à propos que j'aille me renfermer là-dedans : il suffit de l'appeller. Pasquin, hola, Pasquin.

SCENE XV.

CRISPIN, PASQUIN *en nourrice, à la fenêtre.*

PASQUIN.

Qu'est-ce ?

CRISPIN.

Tout est découvert ; descends promptement : Monsieur Severin vient ici avec un Commissaire & des Archers ; ne le vois-tu pas ?

PASQUIN.

Eh oui, de par tous les Diables, je le vois, & je vois de plus que je n'ai pas assez de temps pour gagner la porte.

CRISPIN.

Saute par la fenêtre.

PASQUIN *en nourrice à la fenêtre.*

Le beau conseil !

CRISPIN.

Prends les pistolets de Monsieur Severin, ils sont sur la cheminée de la salle ; quoiqu'il n'y ait rien dedans, cela fera peur aux Archers : mais les voici, je me sauve,

PASQUIN *en nourrice à la fenêtre.*

Peste soit des amours de mon Maître ; ah ! me voila perdu.

SCENE XVI.

SEVERIN, LE COMMISSAIRE, BRASDEFER, ARCHERS.

SEVERIN.

C'Est ici, Messieurs, je suis heureux dans mon malheur, que le hazard m'ait fait vous rencontrer si à propos.

BRASDEFER.

Nous avons manqué nôtre capture, & nous sommes heureux nous-mêmes de vous avoir trouvé pour nous dédommager. Nous venions...

SEVERIN.

Il ne s'agit pas de m'apprendre d'où vous veniez, il faut promptement investir cette maison, & aller prendre dedans un certain Valere & son valet, qui, comme je viens de vous dire, s'y sont introduits déguisez en femmes, pour suborner ma Niece, & peutêtre me voler.

LE COMMISSAIRE.

Monsieur Brasdefer, faites occuper toutes
les

les avenuës par vos gens, & sur-tout gardez bien cette porte: moy j'entre dans la maison avec Serrefort & Grippaut.

BRASDEFER *aux Archers.*

Mes amis, ayons bien l'œil à tout. Passez de ce côté, vous autres, & vous de celui-ci. Voila une bonne affaire, Monsieur.

SEVERIN.

Vous appellez cela une bonne affaire?

BRASDEFER.

Oui, d'autant qu'elle est bien criminelle.

SEVERIN.

Vous avez vos raisons pour la trouver bonne: mais pour moy je la trouve trés mauvaise. Voila ma famille deshonorée, & Monsieur Boüquinart ne voudra plus de ma niece aprés un tel éclat.

LE COMMISSAIRE *sortant de la maison.*

Il nous faut du monde pour passer outre; nous venons d'entendre une voix qui menace de brûler la cervelle au premier qui avancera, & comme nous ne sçavons pas les êtres de vôtre maison il est necessaire que vous marchiez le premier pour nous conduire.

SEVERIN.

Moy? je ne veux point m'aller four-

D

LA METAMORPHOSE

là ; s'il e donne quelq e coups, vos
gens ont p y z pour les r cevoir.

LE COMMISSAIRE.

Mais, Monsieur...

SEVERIN.

Bien loin d'entrer, je vais me mettre
à l'abri des armes à feu ; je vous recommande seulement d'empêcher qu'on ne
fasse aucune insulte à Monsieur Bouquinart mon neveu pretendu, qui est malheureusement renfermé la-dedans.

Il se retire dans un coin.

LE COMMISSAIRE.

C'est assez. Allons, allons, enfans,
entrons ; & si ces gens-là s'obstinent à
faire resistance, ne vous exposez point
trop.

BRASDEFER.

Je crois qu'il n'est pas necessaire de
leur recommander cela.

SCENE XVII.

PASQUIN, *avec les habits de Monsieur Bouquinart; aux Archers qui sont à la porte.*

PASQUIN.

Qu'est-ce donc que ceci, & que venez-vous chercher dans la maison de mon oncle futur ?

BRAS DE FER.

Deux hommes déguisez en femmes, qui pour suborner sa niece.... Mais si vous voulez en sçavoir davantage, vous pouvez l'aller joindre, il a passé de ce côté.

PASQUIN *sous les mêmes habits.*

Moy ? je ne veux lui parler de ma vie : c'est un plaisant visage, de me faire venir de Bayeux pour épouser sa niece, quand il sçait ce qu'il sçait ; me prend-il pour un sot ?

BRAS DE FER.

Je ne sçai pas, Monsieur.

PASQUIN *sous les mêmes habits.*

Dites-lui de ma part que c'est un sot lui même.

BRASDEFER.

Ce n'est pas à nous...

PASQUIN.

Il croyoit m'attraper : mais ce ne sera pas d'aujourd'hui. Adieu, adieu.

BRASDEFER.

Voila un drôle de corps, & un plaisant visage ; je ne m'étonne pas si cette niece en introduit d'autre dans la maison.

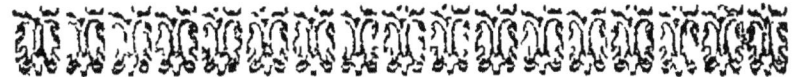

SCENE XVIII.

SEVERIN, LES ARCHERS.

SEVERIN.

Qui est l'homme qui vient de vous parler ?

BRASDEFER.

C'est vôtre neveu pretendu, qui s'en va fort en colere.

SEVERIN.

Ah je n'en doute pas, & je jugeois bien que cette avanture le dégoûteroit de son mariage : mais je m'en vangerai sur ceux qui vont tomber entre mes mains.

SCENE XIX.

LE COMMISSAIRE, SEVERIN, LES ARCHERS.

LE COMMISSAIRE.

EN voici un de pris, il faut que l'autre se soit sauvé ; car nous avons parcouru toute la maison, & n'avons rien trouvé.

SEVERIN.

Il n'importe, celui-ci payera pour tout.

LE COMMISSAIRE.

Sçavez vous où le drôle s'étoit caché ? Dans un lit. Nous l'avons trouvé entre deux draps, ses habits de femme sur lui ; il feignoit de dormir ; mais on l'a réveillé comme il faut. Il ne vouloit point absolument s'habiller : mais il a trouvé des valets de chambre qui n'avoient pas les mains gourdes ; & quoique j'aye pû faire, s'il leur a donné bien de la peine, il a eu bien des coups. Le voici qu'on amene.

SCENE XX.

BOUQUINART *en nourrice*,
LE COMMISSAIRE, SEVERIN,
LES ARCHERS.

SEVERIN.

Que vois-je ? c'est Monsieur Bouquinart !

BOUQUINART *en nourrice*.

Que veut donc dire tout ceci ? avez-vous perdu l'esprit ? l'ai-je perdu moy-même ?

SEVERIN.

Ah ! mon cher ami, je suis au desespoir.

BOUQUINART *en nourrice*.

Que la peste te creve mille fois ; on dit que c'est par ton ordre que tout ceci se fait. Par quelle extravagance m'envoyer éveiller en sursaut, & m'obliger à prendre ce diable d'équipage ? Je suis si étonné de l'état où je me trouve, que sans les coups que j'ai reçûs, je prendrois encore ceci pour un rêve.

SEVERIN.

Parbleu, Messieurs, vous avez fait là

AMOUREUSE. 45

de belles affaires, vous laissez échaper les coupables, & allez saisir & maltraiter mon ami, que je fais venir exprés de cinquante lieues pour épouser ma niece: il faut que vous soyez de grandes bêtes.

LE COMMISSAIRE.

Et vous un grand poltron; vous nous appellez pour arrêter deux hommes déguisez en femmes, qui se sont introduits dans vôtre maison pour vous deshonorer en la personne de vôtre niece.

BOUQUINART *en nourrice*.

Qu'entens-je?

LE COMMISSAIRE.

Et vous n'osez entrer avec nous ; est-on obligé de les connoître ? On a trouvé Monsieur couché, des habits de femme sur son lit, on a crû...

SEVERIN.

Ne deviez vous pas bien voir que Monsieur n'avoit pas la mine d'un suborneur?

BRASDEFER.

Le drôle qui s'est sauvé avoit raison de dire qu'il n'étoit pas sot.

LE COMMISSAIRE.

La méprise à part, par la maniere dont Monsieur a été houspillé il a pû connoître avec quel zele ces Messieurs vous servoient.

BOUQUINART *en nourrice.*
Le diable les emporte avec leur zele.
LE COMMISSAIRE *aux Archers.*
Allons, allons, retirons-nous.
SERFORT.
Et les frais de la capture?
BOUQUINART *en nourrice.*
Attens, attens, je vais te les payer. Et toy, nôtre cher ami, tu voulois donc me faire entrer une seconde fois dans la confrairie, avec ta jolie niece dont tu me vantois tant la vertu? Tu n'as qu'à l'épouser toy-même. A quelque chose le malheur est bon. Songe seulement à me rembourser les frais de mon voyage, & bonsoir.
SEVERIN.
J'enrage.

SCENE DERNIERE.

SEVERIN, VALERE, BOUQUINART, PASQUIN, CRISPIN.

VALERE.

Monsieur, je suis au desespoir de tout le trouble que je vous ai causé. Isabelle est chez Madame vôtre sœur, & je viens me livrer entre vos mains : je

AMOUREUSE.

suis Valere, non plus ce cadet du Maine que jusqu'ici la fortune a maltraité; mais un des riches heritiers de la Province, par la mort de mon frere, dont je reçois la nouvelle dans ce moment.

SEVERIN.

En ce cas, Monsieur, vous êtes mon homme, vôtre famille m'est connuë, & je vous donne ma niece en mariage.

PASQUIN.

Madame la Nourrice, quand il vous plaira nous changerons d'habit: mais cependant vous voulez bien que je vous remercie des coups qu'il vous a plû de recevoir pour moy.

VALERE *à Bouquinart*.

Monsieur, pardonnez.

BOUQUINART *en nourrice*.

Voila qui est fini, Monsieur, je garderai les coups, & vous garderez la niece: je ne sçai pas qui gagnera le plus de nous deux à ce marché-la. Allons quitter ce maudit équipage.

CRISPIN *à Bouquinart*.

Madame, avez-vous besoin d'un Ecuyer?

www.ingramcontent.com/pod-product-compliance
Lightning Source LLC
Chambersburg PA
CBHW070702050426
42451CB00008B/455